功徳の実証が厳然と

—正法弘通の使命に燃えて—

「御影堂 向拝（ごはい）」画 佐伯教通

目次

収録した体験談は、『大白法』に掲載されたものに加筆したもので、末尾に掲載号を記しました。

【引用文献略称】

御　書 ── 平成新編日蓮大聖人御書（大石寺版）

育成のなかに折伏あり

本覚寺信徒　中　正史

なか　まさし
昭和34年11月、徳島県生まれ。23歳の時に本覚寺信徒となる。現在、妻と2人で育成・折伏に励む。

本日は、今年の三月に勧誡《かんかい》を受け、現在、共に活動をしている橋本正勝さんとその御家族について、そして私が体験したことをお話させていただきます。

勤行《ごんぎょう》の大切さから

橋本さんは三歳の時に入信し、創価学会の男子部、そして壮年部として活動してこられました。平成十年ごろ、それまで受持していた御本尊様を学会の『ニセ本尊』に取り換えると、しばらくして奥さんが病気になり、追い打ちをかけるように息子さんが借金。息子の借金をなんとかしよう

法華講員体験談
シリーズ20

功徳の実証が厳然と

―正法弘通の使命に燃えて―

はじめに

本書には、邪《よこしま》な宗教に惑《まど》わされて苦しみに沈んだ方々が、大聖人の正しい仏法に巡《めぐ》り会って純粋な信心に励まれ、罪障《ざいしょう》を消滅し、福徳溢《あふ》れる生活を送られている貴重な体験談が収録されています。

日蓮大聖人は、

「南無妙法蓮華経と唱えれば、消滅しない罪はなく、来たらない幸福もないのである」（聖愚問答抄・御書四〇六ﾍﾟｰｼﾞ取意）

と教えられています。

すなわち、日蓮正宗に帰依《きえ》し、真剣にお題目を唱え、弘《ひろ》めていくことで、本当の幸せを手にすることができるのです。

みなさんが、本書の内容を信行の糧《かて》とされ、身内の方をはじめ、縁のある人々を導く一助となることを願ってやみません。

と、今度は自分が借金をすることになって、どんどん悪いほうへと転がっていき、終わりの見えない経済苦が始まり、自分自身の性格も、非常に怒りやすくなってしまったと言うのです。

そんななかで、信仰に助けを求めようにも、学会のなかにいても、なんの指導もなく、話はいつも選挙のことと大石寺の批判ばかりだったそうです。そのような状況にあった橋本さんを、今年の三月、御縁があって折伏《しゃくぶく》させていただきました。

勧誡の前後に宗務院制作のビデオを見て、まずは勤行《ごんぎょう》をしっかりすることをお教えしました。

大謗法の学会では、勤行は簡略化され、短くなっていますので、私は日蓮正宗の五座・三座の勤行を行うことの大切さを、根気強く言い続けました。

しかし、お互いの仕事の都合《つごう》上、訪問して一緒に勤行をすることが、なかなかできませんでした。そのため、電話でお給仕《きゅうじ》の仕方や鈴《りん》を打つタイミングなどをお伝えし、やり取りの内容によっては、御住職・本間雄華《ゆうけ》御尊師に御指導を受けた上で、それをお伝えしました。そして橋本さんは、こちらが驚くほど素直に、それを実践されました。

しばらくして、奥さんに変化が顕《あらわ》れました。橋本さんは、「以前なら近寄りもしなかったお仏壇に手を合わせ、お樒《しきみ》の水を取り替えるなど

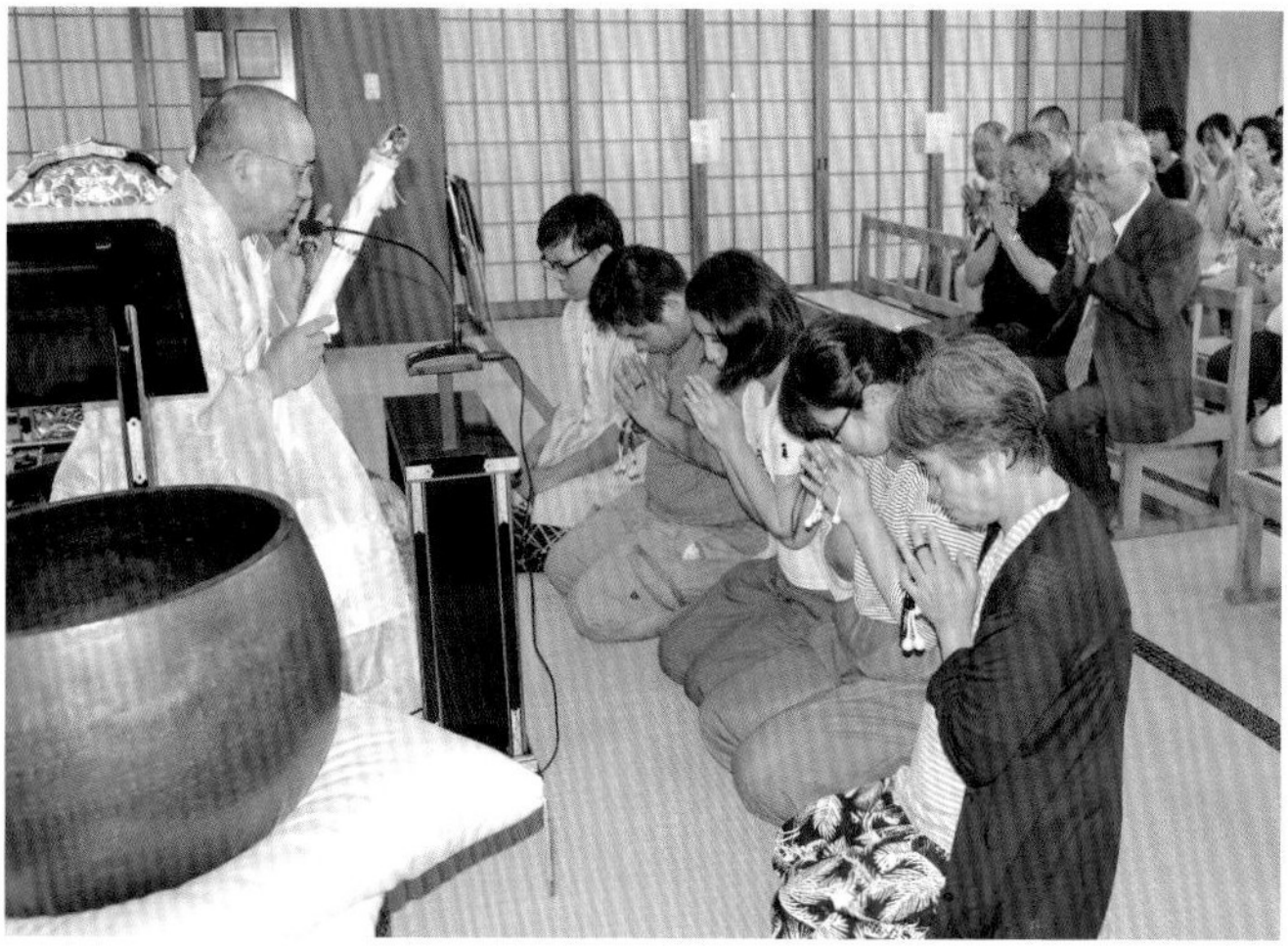

橋本さん御家族の御授戒と勧誡

のお給仕をするようになった」と、たいへん喜んで電話を掛《か》けてこられました。『ニセ本尊』を取り去り、正真の御本尊様をお迎えしたからですね」と言うと、「毎日、勤行するのが楽しみで仕方がない」と言われました。それを聞いて、少し安心しました。しかし、まだ始まったばかりです。私は「四月八日の御報恩御講《ごほうおんおこう》には必ず参詣《さんけい》してください」と、御講参詣の約束をして電話を切りました。

寺院参詣を継続

四月度の御報恩御講に奥さんを伴《ともな》って参詣された時、橋本さんは「家内だけでなく、子供達も変わりました。今まで全《まった》く寄りつかなかったのに、最近は皆が家に集まるようになりました。本当にうれしいことです」と喜んでいました。

私の家内が橋本さんに「今日は一緒に御講に参詣できて本当によかったですね。御本尊様のお陰《かげ》ですね」と声を掛けました。すると、橋本さんは「有り難いと思う気持ちは本当ですが、〝御本尊様のお陰〟ということが判りません。中さんとお話していると、よく〝有り難い〟と言われますが、実感が涌《わ》きません」と言い、「今までは、何ごとも池田先生でしたから……」と言われたのです。

これを聞いて、改めて創価学会の洗脳《せんのう》の恐ろしさを思い知らされました。

この日は登山の話をしようと思っていたので、御講終了後、総本山へ登山して本門戒壇《かいだん》の大御本尊様にお目通りさせていただくことの大切さをお話ししました。しかし、この時の橋本さんの様子を見て、やはり理屈ではだめだ、とにかく総本山にお連れしなければと思いました。

お連れしなければ伝わらない

私は現在、支部で登山部長を拝命しております。御住職の御指導のもと、支部総登山の一カ月前から、登山の無事と参加目標人数達成のために唱題行を実施していますが、この唱題行とは別に、私個人として、橋本さん御一家がそろって登山できるようにと、唱題行をすることにしました。

　幸せになるために始めた信心ですから、大御本尊様のすばらしさを、身をもって感じていただきたい。なんとしても今回、一緒に登山させていただけますようにと、仕事が早く終わった日にはお寺に行き、また、仕事で時間が取れなかった日には自宅で、一生懸命にお題目を唱え、御祈念《きねん》いたしました。

　橋本さん自身も、御講には欠《か》かさず参詣され、仕事の都合のつくときには広布唱題会にも参加されています。そのお陰でしょうか、「七月の支部総登山には、夫婦で是非《ぜひ》、参加させていただきたい」ということになったのです。

中さん御夫婦と橋本さん御家族

家族そろって信心を

そして、七月八日の御講の日に、奥さんの勧誡式をしていただくことになりました。

私は、これはチャンスだと思い、「よかったですね。これを機に、御夫婦も御家族も、みんな同じ信心をすることが大事です。奥さんの勧誡式の時に、一緒に長男、次男さんの勧誡と、それぞれの奥さんが御授戒《じゅかい》を受けて、御家族そろって総本山に登山しましょう」と言いました。

橋本さんは、大きくうなずいて「話してみます」と言われました。それから何度か御自宅に伺ったり、電話でお話をしたりと、登山の締め切りが迫るなか、唱題を重ねながら、できる限りの努力をし

三師塔前で支部の記念撮影（最後列の右端が中さん）

ました。

そんななか、橋本さんから「長男・次男の夫婦四人を、今度の御講に連れていきます。よろしくお願いします」という連絡がまいりました。

早速、御住職に御報告申し上げたところ、御住職より「魔《ま》が競い起こらないように、気を抜かずに、唱題を根本にやっていきましょう」との御指導をいただき、その日から家内と二人で一層、唱題に力を入れました。

そして七月の御講の日、奥さんと息子さん二人の勧誡、ならびに長男・次男のお嫁さん二人の御授戒を、無事に執り行っていただくことができました。私はこの機を逃《のが》してはいけないと思い、「無事に勧誡・御授戒を終えられたのですから、御家族そろって一緒に登山しましょう」とお誘いしました。

橋本さんは、息子さん達と話をされ、次男夫婦は仕事の都合上、どうしても無理だということでしたが、長男夫婦が一緒に登山することになりました。

登山で身をもって受け取れた有り難さ

七月十五日の支部総登山は、奥さんと長男夫婦にとっては初めての登山で、橋本さん御自身にとっては、実に四十年ぶりの登山でした。

橋本さんは中学二年生の時に初めて登山され、二十三歳の時に登山したのを最後に、総本山から離れてしまったのです。

御開扉《ごかいひ》が終わって奉安堂《ほうあんどう》から出てきた時の御家族の表情を見て、言葉では伝えきれないものを確かに感じていただけたと実感しました。

後日、登山の感想を伺いました。「創価学会時代に登山していた時は、正直に言って、なんのために登山しているのか、その意義が解りませんでした。それでも、総本山の荘厳《そうごん》な雰囲気《ふんいき》に身の引き締まる思いだったことは覚えています。四十年ぶりの総本山は、一層、荘厳になっていました。今回は新たな気持ちで臨んだ登山でしたので、見るもの聞くものすべてが、以前とは違って感じられました。本門戒壇の大御本尊様にお目通りさせていただいた感激は、ひとことでは言い表せませんが、これから頑張っていかなくてはという強い思いが涌いてきました。何より、妻・長男夫婦と一緒に登山できたことがうれしかったです」とのことでした。

実際の体験に勝《まさ》るものはない

やはり言葉ではなかなか伝わらないし、言い尽くせません。実際の体験に勝《まさ》るものはないと、そのすばらしさ、大切さを改めて感じました。

登山後の橋本さんは、いまだ学会員であるお母さんと妹さんを「なんとしても、この正しい信仰に導いてあげたい」と言われるようになりました。

また、橋本さんの周りには大勢の学会員の方がおります。その縁のある方々を、正法に導くことが次の目標です。

現在、橋本さんを励ましながら、唱題を重ねております。新しく入講された方と共に活動できることは、本当にうれしいことです。

これからも互いに励まし合い、助け合って、新しく入信された方々との活動の輪を広げ、令和三年の御命題達成に向け、御法主《ほっす》日如上人猊下《げいか》の御指南《しなん》を根本に、御住職の御指導のもと、より一層、精進してまいります。

（大白法・平成30年10月16日号）

強盛な信心で病を克服　新寺落慶《らっけい》を経て、さらなる信行を

生涯《しょうがい》通じて貫《つらぬ》く仏道修行

妙広寺信徒　夏目　渉

なつめ　わたる

埼玉県行田市に生まれる。妻と子供３人の５人家族。次男は平成31年に出家得度し、修行に励んでいる。

本日は、平成二十八年夏に見つかった病気を通じての体験を発表させていただきます。

病名は「悪性リンパ腫《しゅ》」という血液のガンで、ステージ四の末期でした。

夏目家は血液の病気の宿業《しゅくごう》を持っていますが、私は発病するまで、そのことを忘れていました。

講中前進のなか顕《あらわ》れた病

当時、私は御住職・平野道益御尊師のもと、総本山塔中《たっちゅう》・総二坊支部の一員として信行に励み、御住職様は「新寺建立《こんりゅう》に向けて進むなかに、必ず魔《ま》が現れる。異体同心と自行化他の信心を心掛けよ」と、絶《た》えず御指導されていました。

静岡に単身赴任《ふにん》中であった私は、疲れやすく、

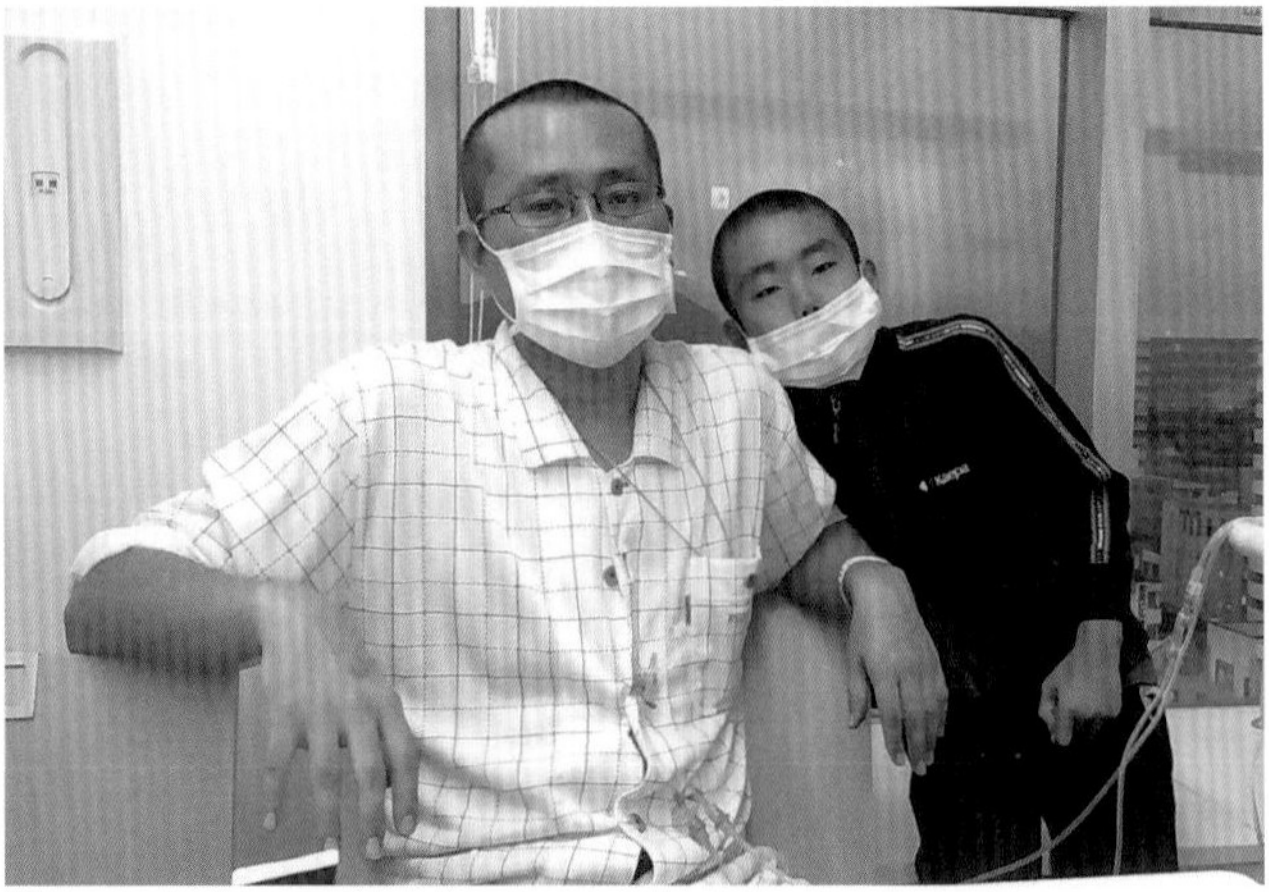

◀病室にて

胃の辺りが苦しくなるなど、体調に異変を感じていました。

埼玉県の自宅に戻っていた八月二十日の夜、痛みがひどくなり、翌日、病院で診察を受けました。「黄疸《おうだん》数値が普通ではない」とのことで検査入院したものの、原因不明のまま退院。そして九月六日、セカンドオピニオンとして静岡市内の消化器内科を受診しました。エコー画面を見る医師の手が止まり、震《ふる》える声で「黒いものが肝臓全体に付いている。静岡日《にっ》赤《せき》病院に、今すぐ行きなさい」と言われ、ただごとではないと悟りました。

静岡日赤病院に到着すると、ただちに検査が行われ、担当した消化器内科の佐藤医師の第一声は、「家族は、すぐに来られますか」でした。

「家族は埼玉県に住み、私は単身赴任中」と答えると、「あなたの肝臓全体を、ガン腫瘍《しゅよう》が埋《う》め尽くしている。考えられる原因は三つ。一点目は肝臓ガンだが、肝炎《かんえん》ウイルスがないので違う。二点目は転移するガンだが、これも違う。最後に血液のガンだが、白血病からガン腫瘍はできないので悪性リンパ腫と判断します。化学治療《ちりょう》しか助かる道はありません。種類を特定するための検査結果を待っていては死んでしまうので、一か八か検査と同時並行で、肝臓に抗《こう》ガン剤を投与させてください。今から入院です」と告知を受けました。

御本尊様のこともあり、アパートに一度着替えを取りに帰りたいと言うと「莫迦《ばか》なことを言うな。死ぬ三日前の症状だ」と言われました。これについては、のちに「本当はあの時、余命半日だった」と明かされました。

私はこの時、腫瘍により肝臓が膨《ふく》らんで、肋骨《ろっこつ》よりもお腹《なか》が突き出た、地獄《じごく》絵で見る「餓鬼《がき》」のような姿。黄疸の影響で、眼球や全身の皮膚《ひふ》が淀《よど》んだ黄色一色、体内からは腐《くさ》った臭《にお》いが漂《ただよ》っていたのです。

ギリギリのタイミングで病気が特定されました。病気を見抜いた医師は、聞くところの名医とか神の手などと、テレビに出るような医師ではなく、普通の消化器専門医です。変化《へんげ》の人《にん》とは、このことでしょう。

病名が確定し、即刻入院した九月六日、病室でただただ泣け「これが絶望か」と呆然《ぼうぜん》としていました。看護師は、私がショックのあまり自殺するのではと、十分置きに見に来ました。

エルリーさん（左）、チュタマーさん（右）と共に

今こそお題目《だいもく》を唱える時

身に付けていたお守り御本尊様が唯一《ゆいいつ》の心の支えで、「家内に電話をしなければ。御住職様、講頭さんには、どうお伝えしよう」と考えましたが、電話する気が起きません。やっと家内に電話して「もうだめかも」と言ったように思います。折伏《しゃくぶく》親である家内からは、「諦《あきら》めてはだめ。必ず治る。今こそお題目《だいもく》を唱えないで、いつ唱えるんですか。御本尊様をけっして疑わないで、勤行《ごんぎょう》し、題目を唱えて」と強く叱《しか》られ、御住職様、講頭さんからも叱咤《しった》激励を受けました。

この晩、副講頭より「大きな魔が出てきた。賢者は喜び、愚者《ぐしゃ》は退《しりぞ》く。初代の信心は、何度も何度も試練が来る。私の祖父《そふ》は、命にかかわる病気を三度、乗り越えたと言います。そのお陰《かげ》で子供、孫達まで信心の功徳《くどく》が行き渡るのだと思います。大きな使命があるから、大きな魔が来る。御本仏と同じ修行を実践できることは、まことにうれしいこと」とメールをいただき、何度も読み返しました。

入院の翌々日に、検査と動脈塞栓《どうみゃくそくせん》術を実施。この間、御住職様は当病平癒《へいゆ》を御祈念《きねん》くださり、御法主《ほっす》上人猊下《げいか》に御秘符《ひふ》の申請をしてくださいました。九月十一日、御秘符を頂戴し、それを境《さかい》に抗ガン剤の効果がようやく現れ始め、多くの腫瘍が肝臓からなくなりました。

これにより血液内科の病棟に移りましたが、担当医師から「あなたと同じ肝臓のみに付く悪性リンパ腫を一例だけ担当したが、その患者は助からなかった。仮りに腫瘍がすべてなくなっても、再発率は高く、五年後の生存率は二十パーセント以下。あなたには賭《か》けのような治療法しか提示ができない」と言われました。

お見舞いに来てくださった御住職様の、「あなたには、やらなければいけない使命がある。だから今は、ゆっくり治療に専念しなさい」とおっしゃってくださった言葉が、ずっと心の支えでした。丸山講頭さんも「御本尊様がついているから大丈夫。大きく構えていなければ魔にやられてし

法華講連合会総会で発表する夏目さん

まう」と、不安を見透かすかのように、常に激励してくださいました。

御本尊様が整えてくださった環境で

平成二十九年三月までの間、複数回の抗ガン剤治療により、腫瘍は残りわずかになりました。さいたま日赤病院へ転院して治療を続けることとなり、職場も古巣のさいたま事務所へ異動し、不思議にも私は昇進となり、職場内での立場、給料面でも、家族の生活が大きく守られました。この説明のつかない昇進は、私達なりに精いっぱいに、丹精《たんせい》込めた、新寺建立御供養の功徳としか思えません。本当に有り難かったです。

　さいたま日赤病院での新しい治療法が決まったところ、子供達に病状を詳《くわ》しく話しました。

　宿業の病気に負けるつもりはないが、五年後、生きているかは自信がない。万が一、私がいなくても大丈夫なように、今から将来を見据えた進路を決めるように、と。信心で捉《とら》えるようにと願っての話に、子供達は、それぞれ決意したようでした。

　そして、平成二十九年八月十九日の妙広寺落慶《らっけい》入仏法要前後で、二回の抗ガン剤治療を行い、

息子さん（中央）の得度が支部を挙げて祝われた

検査をすると、すべての腫瘍がなくなっていました。医師から「二回でなくなるとは思わなかった。だが、再発率は六十パーセント以上。予定通り残り二回の抗ガン剤と、自家末《まっ》梢《しょう》血《けっ》幹《かん》細胞移植まで行っては」と提案を受けました。

　私と家内は、治療法が提示されるたびに、御登山して大御本尊様に御祈念してきましたが、この時も御開扉《ごかいひ》を頂き、「治療継続」と決めました。そして昨年「行動の年」一月、最後の治療を行って二月に退院し、現在に至ります。

病身のなかも折伏《しゃくぶく》・育成

　この間の折伏《しゃくぶく》・育成についてお話しいたします。

　私は、十代のころ、親兄弟に心配ばかりかけてきました。平成十二年に入信し、二年後に結婚しましたが、なかなか親兄弟からの信頼は回復しません。父が白血病で亡くなり、私と兄達が疎遠《そえん》になることを心配した母が、平成二十七年八月に御授戒《じゅかい》を受けました。私が病気になったことを、兄達に「信心しているくせに病気になるとは」と話していた母ですが、「お山の桜が見たいから、元気になったら連れていって」と言い出し、昨年三月に初めて御開扉を受け、今年の新年初登山にも

参加できました。

入院中に知り合った方、見舞いにきた同僚、看護師と、折伏を続けてきました。そのなかで、昨年九月二十日、タイ料理店を経営する山崎チュタマー純子さんの折伏が成就しました。「娘婿《むすめむこ》が大きな病気だ」という話がきっかけで、私の病気を通じた信仰体験を話し、小乗教を破折《はしゃく》したのです。

チュタマーさんは、お題目の歓喜そのままに、友人の舘野エルリーさんを折伏。十月十一日に舘野さんが入信できました。その後もチュタマーさんは、御主人をお寺にお連れしようとしたり、来店客にも楽しそうに信心の話をしています。

病気が見つかった当初は心が折れる寸前。治療中は「乗り越えられる」と自身に言い聞かせつつ、そのそばから不安に駆《か》られ、治療終了から現在にかけては、再発しないか、ほかのガンにならないかと、別の不安が付きまといます。ガン腫瘍はなくなっても「完治」ではなく、言わば「仮り」の状態。宿業の転換をどこまでも願い、真剣に勤行・唱題し、縁ある方を折伏していく仏道修行しかありません。

寿命賜《たまわ》る信行と妙法広布の精進誓う

振り返れば、入院期間中、新寺は「本法山妙広寺」と名称を賜《たまわ》ったとのメールが配信された時、発表の場にいられない自分の因縁を悔《く》やみました。ですから、妙広寺落慶《らっけい》入仏法要には、何がなんでも参詣《さんけい》したいと、体調を整え、その瞬間に立ち合えた当日「生きていてよかった」と実感しました。

腫瘍は、検査を待たずに、この落慶法要の時にはなくなっていたのだろうと思えて仕方がありません。

「この病は私一人の宿業ではなく、夏目家の宿業であり、出てきたからには信心で治す。次の代に業病を引きずらせてはならない」と、自らと家族に言い聞かせて、信心根本に合計十六回にわたる抗ガン剤治療にも耐えました。

御住職様は「信仰は苦難・困難・災難が消えてなくなることを目的としているのではなく、それらに動じない心を養《やしな》うために励むのです」と御指導されます。

信心で救われたこの命、あと二年を切った宗祖日蓮大聖人御聖誕《せいたん》八百年に向け、御報恩の誠《まこと》を尽くしていくことを、ここにお誓いし、発表とさせていただきます。（大白法・平成31年4月1日号）

平成３１年３月、出家得度し、御法主日如上人猊下の徒弟となって御奉公に励む息子さん（正面右）

一生成仏の道　迷わずに

持経寺信徒　中村　万寿美

なかむら　ますみ

夫と２人の子供の４人家族。谷澤さんと一緒に、さらなる折伏に邁進中。

私は、昨年四月十五日に創価学会と決別して勧《かん》誡《かい》を受け、法華講員として新たな人生をスタートできました。

私は、池田絶対主義の創価学会の、悪《あ》しき謗法《ほうぼう》体質に洗脳《せんのう》されることが堪《た》えられなくなりました。

誤《あやま》った船に乗り

我が家では、創価学会幹部の父の言葉は絶対で、日蓮正宗から破門される前までは、実際に御本尊様からたくさんの功徳《くどく》を受けていたこともあり、すべては創価学会のお陰《かげ》だと勘違いしていったのです。

名聞名利《みょうもんみょうり》を捨て切れず、判断を誤《あやま》った父の先導に、無知な五人の子供達は創価学会という船へと乗り込み、先の見えない大海原《うなばら》へと出航してしまいました。世界平和や正義という言葉に惑《まど》わされ、しかも降りたら地獄《じごく》行きとの脅迫《きょうはく》付きです。学会は広宣流布《こうせんるふ》から遠ざかっているのでは、との疑問を持ち始めた私でしたが、仲のよい私達きょうだいが両親思いであったことも災《わざわ》いしたと思います。魔《ま》の力に踊《おど》らされ、正しいものを見極める力を見失っていきました。

　私は、夫の病気をきっかけに、昨年一月よりフルタイムの仕事を退《しりぞ》き、数十年ぶりに自分の時間を持てるようになりました。そして、戸田城聖《じょうせい》創価学会第二代会長の古い動画に出会いました。

　戸田会長は「なんと言っても御本山に登り、親しく大御本尊様を拝《おが》まなくては、本物の信心になれない」「私達は、無智な人々を導く車屋である。迷っている人があれば車に乗せて、大御本尊様の御《おん》もとに案内していくのが、学会唯一《ゆいいつ》の使命

御住職・講中の方々と共に

である」と断言されていました。それをきっかけに、破門に至る根本原因はなんだったのか等々、あらゆることを夢中で調べ、創価学会の誑惑《おうわく》、前御法主《ほっす》日顕上人猊下《げいか》を悪者に仕立て、学会員を大石寺から遠ざけるために作り上げたデマの数々を知ることになったのです。

大聖人様は、

「人死《し》すれば魂《たましい》去り、其《そ》の身に鬼神入《きじんい》れ替《か》はりて子孫を亡《ぼう》ず（中略）法華《ほっけ》を悟《さと》れる智者、死骨《しこつ》を供養せば生身即法身《しょうじんそくほっしん》なり。是《これ》を即身といふ。さりぬる魂を取り返して死骨に入れて、彼《か》の魂を変じて仏意《ぶっち》と成《な》す。成《じょう》仏《ぶつ》是なり」（御書六三八㌻）

と仰せです。

この御文を拝し、愕然《がくぜん》とし、身体が凍《こお》りつきました。無責任な導きのまま、大切な両親を学会葬で送ってしまった……。父は突然死、母は交通事故死でした。無知とはなんと愚《おろ》かなことかと途方に暮れながらも、持経寺にたどり着けました。在勤の秋山信素御尊師は、私自身が謗法を懺悔《さんげ》し、塔婆《とうば》供養することで、両親も救われると教えてくださいました。

決別と前進

その場で謗法払いをし、勧誡を受け、『ニセ本尊』は三つまとめて横浜池田講堂に返し、家族にすべてを話したのです。

一週間後に支部総登山があると知り、家族全員で総本山に参詣《さんけい》しました。夫は、まだ御授戒《じゅかい》を受ける決心がつきませんでしたが、息子と娘は総本山塔中《たっちゅう》で御授戒を受けさせていただきました。私は子供のころ以来の大石寺参詣です。わずか二時間ほどで来られる、恵まれた最高の環境にもかかわらず、なんと近くて遠い道のりだったのでしょうか。

付添いの夫も含め、四人で境内《けいだい》を歩きました。

荘厳《そうごん》なたたずまいのなか、さわやかな風が清々《すがすが》しく、時折すれ違う御僧侶に緊張するも、優しく挨拶《あいさつ》をしてくださり、心がほぐれました。

掃除《そうじ》が行き届いて、学会員が言うペンペン草など、どこにも生えていません。歴史を感じる杉の大樹に圧倒され、整えられた道を抜け、初めて見る奉安堂《ほうあんどう》が目に飛び込んできた時は、皆で歓声を上げていました。

両親の写真を胸に、

講中の方々と登山（一番左が中村さん、右から二番目が谷澤さん）

息子と娘の三人で本門戒壇《かいだん》の大御本尊様にお目通りできた時は、長い間の謗法与同《よどう》を心からお詫《わ》び申し上げ、「これからは、片時《かたとき》も忘れずに大聖人様を求め続けます」とお誓い申し上げました。

御法主日如上人猊下の大導師のもと、大勢の御僧侶方と唱和して読経《どきょう》・唱題ができ、歓喜の涙でいっぱいでした。子供のころ、御法主上人猊下にお供《とも》して読経できることがうれしくて、お経の一句も漏《も》らさず付いていこうと、必死だったことを思い出しました。

翌月には息子と丑寅勤行《うしとらごんぎょう》に参加し、息の合った太鼓《たいこ》の響き

法華講連合会総会で発表する中村さん

が、まるで私の罪障《ざいしょう》を吹き飛ばしてくれるように感じられました。大聖人様の御遺命《ゆいめい》たる広宣流布を願い、御歴代の御法主上人猊下は一日も休まず丑寅勤行を続けてこられたと知り、日蓮正宗は何も変わっていなかったのだと大確信しました。

六月に入り、夫に「私は大石寺のお墓に入ります。あなたはどうしますか。学会の墓に入りたいなら残しておきますよ」と話すと「いやだよ、俺も大石寺のお墓に入りたいよ」と言ってくれ、その日のうちに御授戒を受けさせていただきました。

九月の支部総登山には、四人そろって御開扉《ごかいひ》をいただくことができました。大石寺に参詣する一回一回が、今まで希薄《きはく》だった家族の絆《きずな》を固める大切な時間となり、息子や娘が頼もしく見え、同時に、子供達それぞれが抱えていた悩みごとが、驚くべき展開で解決しました。私自身、色々と悩まされ、うんざりしていた夫に対する感情も、夫が自らの身体に病を得て、私に考える時間をくれたと感謝できるようになりました。

唱題も折伏《しゃくぶく》も楽しくて仕方がない

十二月に入り、以前、一緒に仕事をした友人の谷澤さんから、新しい仕事に悩んでいるので話を聞いてほしいと連絡が入り、私は「仕事も大切だけど、その前に正しい信仰を持つことは、もっと大事。一度お寺へ行って話を聞いてみない?」と、御報恩御講《ごほうおんおこう》にお誘いしました。谷澤さんは「いい話なら聞きたい」と前向きに受け取りました。

当日は秋山御尊師より信仰の大切さを教えていただき、法華講の先輩方の温かい励ましと真心の折伏《しゃくぶく》で御授戒を受け、翌週には早速、御登山しました。折伏してくださった先輩方は、御自分の予定を変えて同行くださいました。谷澤さんは信仰には無縁の人生でしたが、素直な心は大粒の涙となっていました。

十二月二十八日に、御住職・丸岡雄道御尊師との御本尊御下付《かふ》に当たっての面接に、一緒に来た谷澤さんの次男も御授戒を受け、御自宅に御本尊様を御安置《あんち》していただけました。彼女は、毎日一時間以上かかる勤行・唱題を、欠かさず勤《つと》めています。

本年は、家族・友人共に法華講新年初登山に参加して、新年の決意を新たに広布への誓いを立てることができました。谷澤さんはその後、御長男をお寺にお連れし、御授戒を受けさせることができました。私も、知り合いの居酒屋《いざかや》の店長さんと娘婿《むすめむこ》の折伏が成就いたしました。正真の御本尊様を前に、唱題も折伏も楽しくて仕方がありません。

一方、我が姉達は、病魔に苦しんでいるにもかかわらず、最後は必ず幸せになれると信じて創価学会にしがみついています。しかし、かけがえのない大切な姉達です。絶対に諦《あきら》めない強い慈悲《じひ》の心で邪信・盲信《もうしん》から目覚めさせることが、今は亡き父母の望みであると確信しています。私が長い間、謗法与同をしてきた経験を、けっして無駄《むだ》にせず、一人ひとりを折伏し、一刻《いっこく》も早く創価学会の泥舟《どろぶね》から救っていく決意です。

二年後の御命題達成に向けて、常に御法主日如上人猊下の御指南《しなん》を身に体《たい》し、御住職の御指導のもと異体同心して、持経寺支部の一員として頑張ってまいります。

（大白法・平成31年4月1日号）

邪宗の苦しみから脱却　御登山で信心に確信

感動の登山に精進を誓う

具道寺信徒　齋藤　智恵子

さいとう　ちえこ
青森生まれの青森育ち。
「御本尊様に御恩返しがしたい」
と、親族、友人の折伏に邁進中。

本日は、私が入信した時のお話と、勧誡《かんかい》を受け、先月初めて登山したことをお話しいたします。

生活が守られると、創価学会に

私はかつて、創価学会を通じて日蓮正宗に入信していたことがあります。家を建てたばかりで、主人は仕事をしながら、私は昼は内職で夜はパチンコ店の掃除をしていました。それでも生活が厳しかったそのころ、長男が通《かよ》っていた保育園で仲良くなったママ友が創価学会員でした。

彼女が言うには、「今でこそ商売が軌道《きどう》に乗って常連客もついたけど、最初は、おむつも買えなくってさ。でも、この信仰をして守られたんだよ」

と。それを聞いて私は、すんなり入信しました。

主人はというと全《まった》く信仰に興味がなく「宗教はどれも同じ。家庭に支障《ししょう》がなければやってもいい」とのことでしたので、私だけ御授戒《じゅかい》を受け、学会の会合に足を運ぶようになりました。

それからは、『聖教《せいきょう》新聞』の勧誘《かんゆう》や選挙活動、『人間革命』などの本を何冊も買ったりと、次々にお金が出ていきました。

そんなことを数年続けたある日、私が学会に入ったことが主人の姉の耳に入りました。実は主人の母も創価学会に入っていたことがあったそうで、義姉《ぎし》は家庭を顧《かえり》みずに学会活動に歩く母の姿を子供のころの記憶として鮮明に覚えていて、私の学会活動に強く反対しました。

それで私は考えを改め、十三年間やった創価学会をやめました。その後、幾度《いくど》となく声を掛《か》けられましたが、再び足が向くことはありませんでした。

顕正会《けんしょうかい》にも感じた異様さ

しかしその後、一年間ほど顕正会にも入会した経歴があります。中学時代からの長い付き合いで、一緒に仕事をしたこともある親しい友人からの勧誘でした。

私の長女と次男は養護《ようご》学校に通っていて、娘が黒石市内の養護施設にいたのですが、どうやら、その関係の親御《おやご》さんを通じて得た情報を頼りに、勧誘してきたようでした。

久々に会って食事することになり、喫茶店《きっさてん》に入ると、私達のテーブルに初対面《しょたいめん》の人が、ごく自然に着きました。そして、十界《じっかい》の話を始め、「あなたは今、地獄《じごく》界でもがいている。今の境界《きょうがい》から抜け出して変わることができるよ」と言いました。

そして、私は顕正会の間違った信仰に足を踏《ふ》み入れました。今度は主人には内緒《ないしょ》でした。

誘われて行った顕正会の拠点《きょてん》で勤行《ごんぎょう》をして、ビデオ放映の浅井昭衛《しょうえい》の話の始まりと終わりに、参加者が深々と頭を下げながら何分も拍手をする……。

その顕正会の異様さに、今の創価学会と同様、私の求めるものとは違うということを強く感じ、顕正会をやめました。

何も解決しない 先が見えない

それから何年後になるでしょうか、自閉症《じへいしょう》の娘は授産《じゅさん》施設に通いながら、朝起きると叫《さけ》んだり物に当たったり、帰ってきたらまた同じように叫んだりします。

私はどうしたらいいのか判《わか》らず、朝、娘を施設に送り出したら、開店前のスーパーの駐車場に行って、車中で神経《しんけい》を休める日々。ボーッと外を眺《なが》めて、将来のことなど考える心の余裕すらないまま現実逃避《とうひ》をする、そんな先の見えない生活をしていました。

その時期に、幾度となく具道寺の皆さんが私の留守《るす》中に訪《たず》ねてくださっていたことは、あとから知りました。

折伏親の福嶋さん（左）と息子さん達（後列中、左）と共に

幾度か訪問折伏《しゃくぶく》を受け、ついに勧誡

初めてお会いしたのは、岡部壮年部長さんと俵山さんです。私が、たまたま家にいた時に訪ねて

くれました。だれかにつらさを話したかった私は、堰《せき》を切ったように話をしました。

その後、御住職様（荻荘良喜御尊師）が直々《じきじき》に訪ねてくださった時も、悩みを打ち明けました。

平成二十九年の九月、兼平婦人部長さんと福嶋さんが訪ねていらした時、同じような境遇《きょうぐう》を克服《こくふく》した福嶋さんの話などを聞いて、お寺に同行《どうこう》することにし、勧誡を受けることができました。

子供達にもお寺に縁してほしいと思いながらも、施設に行く以外は一歩も出たがらない娘を、お寺に連れてくるのは無理だと思っていました。

勧誡を受けてから一カ月が経ち、御住職様が家に訪ねていらした時のことです。娘がちょうど好きな絵を描《か》いている時でした。

御住職様と私が玄関先でお話をしていると、娘が顔を覗《のぞ》かせました。その時に御住職様が「一緒にお寺に行ってみない」と娘に話し掛けてくださったところ「行く」と即答したのです。私の実

初登山（夏期講習会）の折に

家にすら行きたがらない娘の返答に、私は耳を疑いました。

娘、次男、主人、そして長男が入信

それがきっかけとなり、娘と次男の二人は、十月に御授戒を受けることができました。

娘達はお寺に喜んで行くようになり、そのことを神奈川県に出稼ぎに行っている主人に話すと、「帰ったらお寺に挨拶《あいさつ》に行くぐね（行くからね）。お礼を言わねばな」とのことでした。

年末に主人が帰ってきて、平成三十年の元旦《がんたん》に一緒にお寺に行くことになりました。挨拶だけのつもりだった主人も、お寺の雰囲気《ふんいき》を見て、その日、御授戒を受けました。

さらに、長男は私のこれまでの信仰遍歴を間近で見てきたため、前向きではありませんでしたが、信仰に興味のなかった主人が入信したことを聞いて、「あのとっちゃ（お父さん）が!?」と驚き、長男も一月十二日に御授戒を受けました。家族五人そろって信心できるようになり、私の生活は四カ月で一変しました。

「長い間、間違った信仰をしてきた期間がもったいなかったと思います」と御住職様に申し上げると、「齋藤さんが実際に経験してきたからこそ、間違いも正しさも知ったのですから、今までの経験をこれからの信心に活《い》かしていけばいいんですよ」とおっしゃってくださいました。

五月に、自宅に御本尊様を御安置《あんち》でき、私は「御本尊様に御恩返しがしたい。できる限り、お寺の行事や活動に参加しよう」と思うようになりました。

長男の助けで登山が早くも叶《かな》う

その後は、講員さん宅に『具道寺だより』を配ったり、訪問折伏《しゃくぶく》に歩いたりと、法華講の皆さんに優しく背中を押されて、楽しく活動させていただくようになり、今も続いています。

ただ、法華講員になって一年九カ月経つ間、一度も総本山に行ったことがないのが気がかりでした。

登山に行った方から総本山のお話を聞いたり、登山の折の写真を見たりしているうちに、私も行きたいという気持ちは募《つの》るばかりでしたが、家庭の事情を考えると、行けるのはずっと先の話だろうと思っていました。しかしこのたび、長男の大きな助けもあって第十六回法華講夏期講習会第三期に参加でき、ついに念願の登山が叶《かな》いました。

六月十四日の夕方にバスで黒石を出発し、十五日の明け方に総本山に着きました。

講習会一日目の十五日は土砂《どしゃ》降りの雨でしたが、奉安堂《ほうあんどう》に向かって参道《さんどう》を進む皆さんの表情は晴れやかでした。間近に見る堂宇《どうう》は、どれも壮麗《そうれい》で、身の引き締《し》まる思いを感じました。


初めての御開扉《ごかいひ》にドキドキ、ワクワクし、いよいよその時が来ました。

左右の扉から御僧侶方が堂内に入場され、唱題が始まり、御法主《ごほっす》上人猊下《げいか》がお出ましになると、お扉が静かに開きました。息をのんで、思わず深い溜息《ためいき》をついていました。気がつけば涙があふれ、しばらく止まりませんでした。

思えばこれまで、総本山大石寺に登山したいと強く願い、毎日御祈念《きねん》しながらも、心の片隅《かたすみ》では、登山は夢のまた夢、遠い先のことと、思いを馳《は》せてきました。それがこんなに早く叶うとは、思ってもみませんでした。御本尊様の大きな御力が用《はたら》き、私に機会をくださったと、うれしさと感謝でいっぱいでした。

初めての御開扉の余韻《よいん》に浸《ひた》りつつ、広布坊で三時限にわたる講義を受講しました。そのあと宿坊に帰り食事を済ますと、今度は一時間の唱題行。その後は皆さんと協力して布団《ふとん》を敷《し》き、汗だくに

御会式の飾り付けを手伝う齋藤さん

なりました。

初めての登山でしたが、具道寺支部から一緒に参加した兼平婦人部長、福嶋さん、能登谷さんのお陰《かげ》で、何一つ戸《と》惑《まど》うことなく、楽しく登山できたことは、本当に有り難かったです。

その日の夜は、丑《うし》寅《とら》勤行に参加するために早く休もうと思っていたものの、なかなか寝つけず、明日は御法主上人猊下の御講義もあるのに、寝不足で居眠りでもしたらどうしよう、などと思っていたら、いつの間にか寝入《い》ったようです。福嶋さんに起こしてもらって気合いが入り、丑寅勤行にも無事に参加できました。

　二日目の九時から行われた御法主日如上人猊下の御講義で、最後に、

「皆さん方が折伏に出掛けている間、お子さんやお孫《まご》さん達が、おうちで留守番や電話番をすることになるでしょう（中略）これも立派《りっぱ》に折伏に参加していることになると思います（中略）そのようにして、すべての老若男女《ろうにゃくなんにょ》、家中《いえじゅう》の人が異体同心の団結をし、折伏に参加して、家族愛をもって御奉公《ほうこう》に励んでいくことが、大聖人様の御嘉納《かのう》あそばされるところではないでしょうか」（大日蓮・令和元年九月号四六㌻）

と御指南《しなん》くださいました。拝聴《はいちょう》していて、私が登山できるようにと、わざわざ仕事を調整して休んでくれた長男をはじめ、子供達のことを思い出し、胸がいっぱいになりました。

登山で一層の確信
折伏の誓い新たに

　帰りのバスの中でも、他の支部の方と信心の話をしたり、一人ひとり登山の感想を話したりと、最後まで充実した時間を過ごすことができました。

　初めての登山を終え、やりきったという達成感と、この先も家庭訪問や折伏の信心活動に頑張っ

◀ 会合の一コマ